BEI GRIN MACHT SICH IHR WISSEN BEZAHLT

- Wir veröffentlichen Ihre Hausarbeit, Bachelor- und Masterarbeit

- Ihr eigenes eBook und Buch - weltweit in allen wichtigen Shops

- Verdienen Sie an jedem Verkauf

Jetzt bei www.GRIN.com hochladen und kostenlos publizieren

Katrin Spott

Die Konsumgesellschaft der BRD seit 1950 und die ökologischen Folgen - unter besonderer Berücksichtigung der Technisierung

GRIN Verlag

Bibliografische Information der Deutschen Nationalbibliothek:

Die Deutsche Bibliothek verzeichnet diese Publikation in der Deutschen National-
bibliografie; detaillierte bibliografische Daten sind im Internet über http://dnb.d-
nb.de/ abrufbar.

Impressum:

Copyright © 2005 GRIN Verlag GmbH
Druck und Bindung: Books on Demand GmbH, Norderstedt Germany
ISBN: 978-3-638-94776-3

Dieses Buch bei GRIN:

http://www.grin.com/de/e-book/52066/die-konsumgesellschaft-der-brd-seit-1950-
und-die-oekologischen-folgen

GRIN - Your knowledge has value

Der GRIN Verlag publiziert seit 1998 wissenschaftliche Arbeiten von Studenten, Hochschullehrern und anderen Akademikern als eBook und gedrucktes Buch. Die Verlagswebsite www.grin.com ist die ideale Plattform zur Veröffentlichung von Hausarbeiten, Abschlussarbeiten, wissenschaftlichen Aufsätzen, Dissertationen und Fachbüchern.

Besuchen Sie uns im Internet:

http://www.grin.com/

http://www.facebook.com/grincom

http://www.twitter.com/grin_com

Universität Karlsruhe

Institut für Geschichte

Sommersemester 2005

Seminar: Technik und Umwelt

Die Konsumgesellschaft der BRD seit 1950 und die ökologischen Folgen – unter besonderer Berücksichtigung der Technisierung

II

Inhalt

1 Einleitung

„ Meine Mutter hatte zwanzig Jahre lang dieselbe Waschmaschine. Sie hat noch denselben Kühlschrank, Kühlschrank, den sie vor dreißig Jahren hatte, als ich zur Schule ging. . . Wir (meine eigene Familie) haben uns vor fünf Jahren ein Ferienhaus gebaut. . . Wir sind bereits bei unserer zweiten Waschmaschine und unserem zweiten Trockner. . . Wir haben den Müllschlucker hinausgeworfen. . . Wir sind bei unserem dritten Staubsauger."[1]

Die Entwicklung zur Konsumgesellschaft war ein Prozess, der im 20. Jahrhundert in allen Industrienationen zu verzeichnen war. Doch was bedeutet Konsumgesellschaft im Wesentlichen? Wie hat sie sich in der Bundesrepublik entwickelt? Diese Fragen sollen in dieser Arbeit zwar erläutert werden, doch sie sind nicht ihr Kern. Hier sollen vor allem die technischen Aspekte dieser Entwicklung in Betracht gezogen werden, denn durch die starke Verbindung zwischen Konsum und Technik sollte Konsumgeschichte auch Technikgeschichte sein. Wie sich schon Mr. Lippincott 1961 äußerte, ist der Besitz von Technik Ausdruck von Modernität und Reichtum in unserer Gesellschaft.

Doch schon in den 1950er Jahren wurde Konsum auch immer von Konsumkritik begleitet. Die Kritik umfasste dabei drei Bereiche: Kultur, Herrschaft und Umwelt. Die ersten beiden sollen in dieser Arbeit außer Acht gelassen werden. Ich möchte mich mit der These befassen, dass jegliche Konsumsteigerungen zu Lasten der Natur erfolgten.

Zum Aufbau der Arbeit im Einzelnen: Zunächst werde ich mich mit dem Begriff der Konsumgesellschaft befassen und einen Umriss über die wichtigsten Entwicklungsstufen geben. Was sind die Grundlagen und warum nimmt die Technik einen solchen Stellenwert ein?

Im folgenden Teil soll die Entwicklung in der Bundesrepublik seit 1950 erörtert werden. Dabei werde ich mich auf die Technisierung des Haushalts und die Motorisierung beschränken, da eine Auswahl getroffen werden muss und ich diese zwei Entwicklungen als Indikatoren für die Wohlstandsgesellschaft voraussetze.

---

[1] Industriegestalter J. Gordon Lippincott in: Packard, Vance: Die große Verschwendung. Düsseldorf 1961.

Im letzten Abschnitt sollen die ökologischen Folgen der Konsumgesellschaft herausgearbeitet werden. Um den Umfang der Arbeit einzuhalten, muss auch hier eine Auswahl getroffen werden. Ich orientiere mich zum einen an den Darstellungen von Christian Pfister, der mit seiner Charakterisierung des 1950er Syndroms einen wichtigen Ansatz lieferte. Energieressourcen sind nicht nur Voraussetzung für die Konsumgesellschaft, hier lassen sich auch die wichtigsten umweltrelevanten Veränderungen finden. Außerdem korreliert die Motorisierung mit einer Erhöhung des Energieverbrauchs. So möchte ich eine Verbindung zwischen dem technisch-historischen Teil meiner Arbeit und der Umweltgeschichte schaffen. Zum anderen soll dem Abfallproblem besondere Aufmerksamkeit zukommen.

Forschungsstand

Obwohl die Konsumgeschichte ein relativ junges Feld im Bereich der Sozialgeschichte ist, gibt es doch schon einige sehr umfangreiche Werke und Ansätze zu Thema. Doch noch 1992 schrieb Hartmut Kaelble: „Was veranlasst Historiker, einen Band über den Boom der 1950er und 1960er Jahre herauszugeben?. . . Mit der Geschichte dieses Booms befasst sich niemand."[2]
In diesem Bereich sind vor allem die *Europäische Konsumgeschichte von Hannes Siegrist u.a.* und andere Darstellungen von Hartmut Kaelble und Arne Andersen zu nennen.
Konsumgeschichte als einen Teilbereich der Technikgeschichte zu betrachten, ist noch ein umstrittener Ansatz. Vorreiter dieses Standpunkts ist Wolfgang König, ein Technikhistoriker an der TU Berlin, der sich vor allem mit der Technisierung nach 1950 befasst. Wichtige Werke sind hier. *Geschichte der Konsumgesellschaft von Wolfgang König; Luxus und Konsum – Eine Historische Annäherung von Reinhold Reith.*
In den einzelnen Teilbereichen der Konsumgeschichte fällt es wesentlich leichter, Aufsätze und Darstellungen zu finden. An dieser Stelle möchte ich im Besonderen auf folgende hinweisen: *Das 1950er Syndrom von Christian Pfister; die Studienbriefe*

---

[2] Kaelble, Hartmut (Hrsg.): Der Boom 1948 – 1973. Opladen 1992.

zur Technik und Gesellschaft der Universität Tübingen und The waste makers von Vance Packard.

2   Entwicklung und Definition der Konsumgesellschaft

In Anlehnung an die Vereinigten Staaten vollzog sich der Durchbruch zur Massenkonsumgesellschaft in der Bundesrepublik in den 1950er und 1960er Jahren. Die amerikanische Gesellschaft war zentrales Symbol für die treibenden Kräfte in Deutschland. Doch was ist gemeint, wenn weithin von einer Konsumgesellschaft gesprochen wird? Hannes Siegrist beschrieb die Merkmale in wenigen Sätzen: „Relativ viel Wohlstand konzentriert sich nicht bei einer kleinen Elite. Es gibt ein Mindestmaß an bürgerlicher Gleichheit und politischen Rechten, eine breite Mittelschicht, soziale Mobilität und Konkurrenz. ..."[3]

Das Wertesystem der Gesellschaft ist pluralistisch. Lediglich Werte wie Fleiß, Arbeitsethos und das Streben nach Gütern werden legitimiert. Anstelle von Pflichterfüllung, Sparsamkeit und Arbeit treten zunehmend Werte wie Individualität, Konsum, Genuss und Mobilität.

Die Durchsetzung zur Konsumgesellschaft bestand aus fünf grundlegenden Entwicklungen.[4] Wichtig war zunächst, dass sich die Konsumgüter veränderten. Individuelle Produkte traten hinter standardisierten industriellen Produkten zurück. Zweitens stiegen in der Nachkriegszeit in Deutschland nicht nur die Realeinkommen, sondern auch die Produktivität der Unternehmen.

Lohnsteigerungen 1930 - 1990

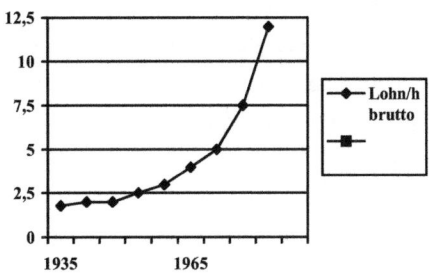

Aus: Andersen, Arne: Der Traum vom guten Leben. Frankfurt 1997.

(Hrsg.): Europäische Konsumgeschichte. Frankfurt 1997.
[4] Kaelble, Hartmut: Europäische Besonderheiten des Massenkonsums 1950 – 1990, in: Ebenda.

Produktivitätswachstum 1913 - 1995

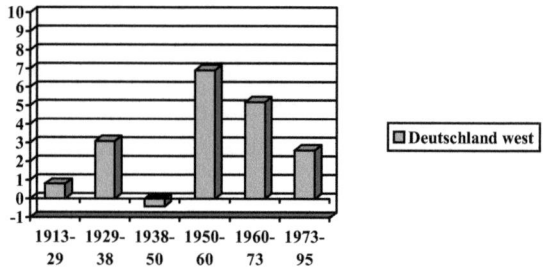

Aus: Lindlar, Ludger: Das missverstandene Wirtschaftswunder. Tübingen 1997.

Ein weiteres wichtiges Merkmal der Konsumgesellschaft ist die Kommerzialisierung des Konsums. Dies gilt im besonderen Maße für technische Neuerungen. Es galt, das Verhältnis der Konsumenten zum Produkt zu verändern. Als letzte Vorraussetzung für die Entwicklung steht schließlich auch die Globalisierung der Märkte, was wiederum ohne die technischen Neuerungen der betreffenden Zeit nicht möglich gewesen wäre.

Technik steht mit Konsum immer in einer mittelbaren und auch unmittelbaren Beziehung. Zum einen verursachte die Technik die Produktionssteigerungen und sorgte somit für einen Abfall des Preisniveaus. Auf der anderen Seite wurde jedoch auch der Konsum selbst technisch überformt. Hier lassen sich Beispiele wie die Fernsehwerbung, aber auch das Reisen mittels Flugzeugen etc. anführen. Die wichtigste Verbindung zwischen Konsum und Technik wird jedoch daran deutlich, dass sich schon sehr bald in den 1950er Jahren der Kaufwunsch selbst auf technische Produkte richtete.

3 Die Entwicklung in der Bundesrepublik seit 1950

Mit dem Anfang der 1950er Jahre waren für die Menschen in der Bundesrepublik auch die Zeiten der Entbehrungen und der Sparsamkeit vorbei. Die positiven

Entwicklungen des „Wirtschaftswunders" brachten wachsenden Wohlstand und Vollbeschäftigung mit sich und begünstigten so die Nachfrage nach Gütern. „Erst die Phase des lang anhaltenden Wachstums der fünfziger und sechziger Jahre ... ermöglichte einen grundlegenden Mentalitätenwandel weg vom Sparsamkeitsparadigma zur positiven Einstellung zum Verbrauch."[5] Für den zu beleuchtenden Zeitraum lässt sich die Entwicklung in drei Phasen einteilen. Die ersten Ausgaben für Konsumgüter zu Beginn der 1950er Jahre waren in der Regel für Lebensmittel und Bekleidung, während zur Mitte des Jahrzehnts das Freizeitvergnügen und die Haushaltstechnik, wie Fernseher und Kühlschrank, in den Vordergrund rückten. In der dritten Konsumphase zur Mitte der 1960er Jahre stiegen die Ausgaben für Automobile. Im folgenden sollen die zweite und dritte Phase näher betrachtet werden.[6]

3.1.   Die Technisierung des Haushalts

In der Weimarer Republik galt die Technisierung des Haushalts noch als Utopie. Doch bereits in den 1950er Jahren zeichnete sich der Massenabsatz an elektrischen Haushaltsgeräten ab. Die Ausgaben dafür verdreifachten sich bis 1955 und standen 1960 schon an zweiter Stelle der Haushaltsausgaben.[7] Als erstes Gerät galt hier das Bügeleisen, da es mit dem Staubsauger zu den günstig zu erwerbenden Artikeln gehörte. 1955 besaßen schon über 80 Prozent aller bundesdeutschen Haushalte ein Bügeleisen, gefolgt vom Staubsauger mit 39 Prozent. Über eine Waschmaschine verfügten rund 10 Prozent aller Haushalte. Der Kühlschrank war zu Beginn der 1950er Jahre allerdings immer noch ein Luxusprodukt. Er galt als Prestigeobjekt und keiner hätte damals gedacht, dass er sich zum Standardgerät entwickeln würde. In einem Handbuch von 1950, dass sich mit der Rationalisierung des Haushalts befasste, war folgendes geschrieben: „Ein elektrischer Kühlschrank lohnt nur, wenn die Wohnung am Rande einer Stadt oder auf dem Lande liegt, so dass die

---

[5] Andersen, Arne: Mentalitätenwechsel und ökologische Konsequenzen des Konsumismus., In: Ebenda.

[6] Die Einteilung in drei Konsumphasen ist in der Forschung einheitlich; Zeiträume und Inhalte werden jedoch von unterschiedlichen Autoren unterschiedlich bewertet.

[7] Wildt, Michael: Die Kunst der Wahl. Zur Entwicklung des Konsums in Westdeutschland in den 1950er Jahren., in: Ebenda.

6

Beschaffung von Kunsteis auf Schwierigkeiten stößt, und wenn durch den Kühlschrank viele Einkaufswege erspart bleiben. Ein Luxusgegenstand bleibt er trotzdem."[8]

Die Entwicklung der Technisierung im Haushalt 1950 - 1969

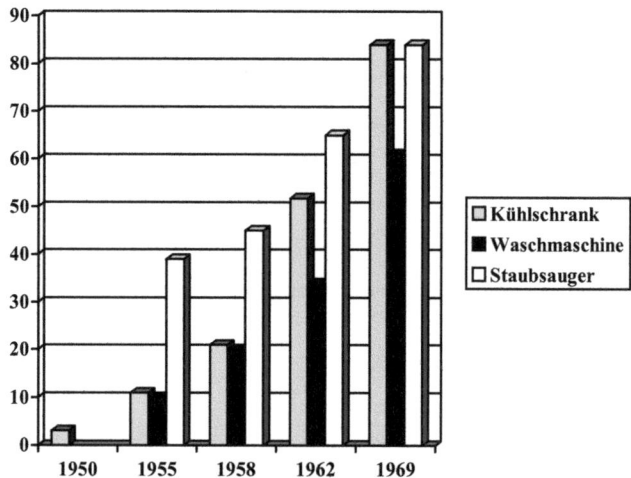

Aus: Andersen, Arne: Der Traum vom guten Leben. Frankfurt 1997.,in: Zeitschrift für Geschichtswissenschaft, Band 46. Berlin 1998.

Wildt, Michael: Die Kunst der Wahl. Zur Entwicklung des Konsums in Westdeutschland in den 1950er Jahren., in: Siegrist, Hannes u.a. (Hrsg.): Europäische Konsumgeschichte. Frankfurt 1997.

Die elektrischen Haushaltsgeräte, die nach 1945 noch zur absoluten Ausnahme gehört hatten, eroberten in den nächsten vierzig Jahren die bundesdeutschen Haushalte. Nachdem sie zunächst nur in den höheren Einkommensklassen vertreten waren, wurden sie ab Mitte der 1950er Jahre kontinuierlich fester Bestandteil aller Haushalte. Sie wandelten sich also vom Luxusgut zur Massenware mit allen positiven und negativen Konsequenzen. Dieser Vorgang wird weithin als „Trickle - Down - Effekt"[9] bezeichnet. Ein Haushalt in der heutigen Konsumgesellschaft stellt

---

[8] Gädeke-Altmann, Gertrud: Erprobtes Haushalten. Handbuch der Hausfrauenarbeit. Hamburg 1950.

[9] Stihler, Ariane: Die Entstehung des modernen Konsums. Berlin 1998.

eine „elektrifizierte, hochtechnisierte Einheit" dar. Er besitzt im durchschnitt 30 – 40 technische Haushaltsgeräte. Die Technisierung der Haushalte hat die Technisierung der Arbeit eingeholt.[10]

3.2. Die Technisierung der Mobilität

Die Technisierung der Mobilität oder auch Motorisierung der Gesellschaft begann ebenfalls in den 1950er Jahren und markiert einen entscheidenden Schritt zur Konsumgesellschaft. Während 1950 nur etwa 11 Prozent ein Automobil besaßen, waren es 1960 bereits 32,5 Prozent.[11]

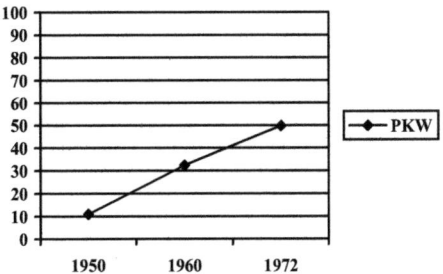

Ebenso wie bei den Automobilen verlief auch der Absatz von Zweirädern steigend. 1955 verfügten bereits etwa 30 Prozent der vorwiegend männlichen bundesdeutschen Bevölkerung über ein Motorrad oder Moped. 1957 übersteigt die Zahl der zugelassenen Pkws erstmals die der Motorräder: 2,3 Millionen Krafträder standen 2,4 Millionen Autos gegenüber. Kleinstautos wie der Messerschmidt-Kabinenroller und das Goggomobil schafften Mobilität auch mit geringen

---

[10] König, Wolfgang: Auf dem Weg in die Konsumgesellschaft., in: Technik und Gesellschaft. Historische Grundlagen der modernen Technik. Universität Tübingen 1993.

[11] Andersen, Arne: Mentalitätenwechsel und ökologische Konsequenzen des Konsumismus., in: Siegrist, Hannes u.a. (Hrsg.): Europäische Konsumgeschichte. Frankfurt 1997.

Finanzmitteln. Zu den populärsten Kleinstwagen gehörte die dreirädrige BMW - Isetta 300, der verbesserte Nachbau eines Kabinenrollers der Mailänder Iso - Werke.[12]

Die Motorisierung wird auch anhand der Ausgaben für den Verkehr deutlich. Während diese noch 1956 bei etwa 2 Prozent der gesamten Lebenshaltungskosten lag, stiegen sie zwischen 1959 und 1960 um die Hälfte. Ab 1958 gaben die Menschen mehr Geld für private Verkehrsmittel aus als für öffentliche.[13] Dieser Wechsel ist ein Kennzeichen für die Konsumgesellschaft - mit erheblichen ökologischen Folgen.

4 Die ökologischen Konsequenzen der Konsumgesellschaft unter Berücksichtigung der Technisierung

„ Die Konsumgesellschaft und ihre Grundlage, die bisherige Art der Technikentwicklung, geraten in jüngster Zeit immer mehr in das Kreuzfeuer der Kritik. Der wichtigste Einwand lautet, der historisch beispiellose Wohlstand eines Teils der Welt sei dadurch erkauft worden, dass die Kosten der Massenproduktion zu lasten der Umwelt und der Entwicklungsländer externalisiert, nach außen verlagert, worden seien. Wenn auch der Umfang der Belastung und der Belastbarkeit der Umwelt umstritten sein mag, so besteht doch kein Zweifel daran, dass das traditionelle Technisierungs- und Wohlstandskonzept der Ersten Welt an Grenzen gestoßen ist und schon gar nicht mehr ohne schwerwiegende globale Schäden auf die gesamte Welt übertragen werden könnte.“[14]

---

[12] Homepage des Deutschen Historischen Museums Berlin. Link: Motorisierung.
[13] Wildt, Michael: Die Kunst der Wahl. Zur Entwicklung des Konsums in Westdeutschland in den 1950er Jahren., in: Ebenda.
[14] König, Wolfgang: Auf dem Weg in die Konsumgesellschaft., in: Technik und Gesellschaft. Historische Grundlagen der modernen Technik. Universität Tübingen 1993.

4.1. Energie und Ressourcen

Die Entwicklung der Konsumgesellschaft korrelierte mit einem extremen Anstieg des Energieverbrauchs, der sich dadurch zu einer Schlüsselgröße dieser Gesellschaftsform entwickelt hat. Zunehmender Lebensstandard wird durch den steigenden Verbrauch impliziert. Die Energieversorgung basiert auf vorwiegend fossilen Energieträgern wie Braun- und Steinkohle bzw. Erdöl und Erdgas. Der Primärenergieverbrauch der Welt verteilt sich auf die verschiedenen Energieträger.

Primärenergieverbrauch weltweit

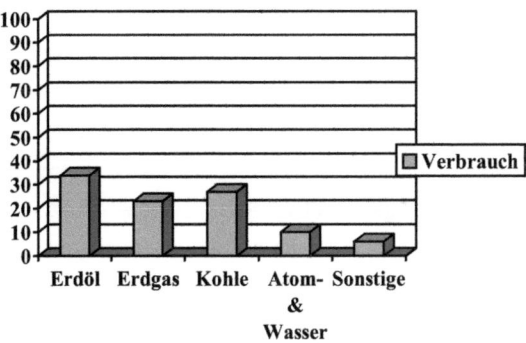

Aus: Homepage des Instituts für Elektrische Energietechnik der TU Berlin.

Seit den 1950er Jahren ist der Anstieg des Verbrauchs explosionsartig gestiegen. Derzeit verbrauchen etwa 25 Prozent der Weltbevölkerung 75 Prozent des gesamten Energieaufkommens – Deutschland liegt bei etwa 4 Prozent.[15] Der größte Anteil entfällt hierbei auf die Wärmeenergie. Das günstige Heizöl verdrängte nachhaltig Kohle und Holz. Der bundesdeutsche Verbrauch von Heizöl pro Kopf stieg von 1950 bis 1968 um das Achtfache.

---

[15] Andersen, Arne: Mentalitätenwechsel und ökologische Konsequenzen des Konsumismus., in: Siegrist, Hannes u.a. (Hrsg.): Europäische Konsumgeschichte. Frankfurt 1997. bzw. Homepage des Instituts für Elektrische Energietechnik der TU Berlin.

Primärenergieverbrauch 1950 – 1990 in der BRD

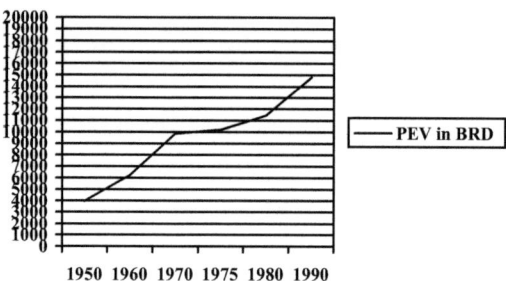

1950 1960 1970 1975 1980 1990

Aus: Homepage der Arbeitsgemeinschaft Energiebilanzen. AGEB 2005.

Der Elektrizitätsverbrauch durch die ständige Zunahme an technischen Haushaltsgeräten vervierfachte sich von 1945 bis 1975.[16] Für die extreme Abnahme an Ressourcen der fossilen Energieträger wie Erdöl ist neben der Wärmeenergie in immer bedeutsameren Maße die zunehmende Motorisierung verantwortlich. Der Kraftstoffverbrauch wuchs dauerhaft schneller als die Anzahl der PKWs. Erst als mit der Ölkrise 1970 die Treibstoffe knapp wurden, wurden auch erstmals sparsamere Motoren angeboten und die Zahl der Automobile wuchs zum ersten Mal schneller als der Benzin- und Dieselverbrauch.

Doch nicht nur das alleinige Verbrauchen der Energie verursacht Probleme, sondern auch die dadurch entstehenden Ausstöße. Die fossilen Energieträger setzen bei ihrer Nutzung Kohlendioxid frei, das sich für den Treibhauseffekt, die Zerstörung der Ozonschicht und Veränderung der Ökosysteme verantwortlich zeigt. Ebenso wie der Energieverbrauch hat sich auch der Anteil an CO2-Emissionen seit 1950 unterschiedlich entwickelt. Die klimarelevanten CO_2 -Emissionen lagen um 1900 bei 6,7 Mio t/a. Ab 1950 erfolgte ein rasanter Anstieg und schon 1970 betrug die Gesamtmenge des emittierten klimarelevanten CO_2 rund 40 Mio t/a und war damit bereits viermal so hoch wie 1950. Im Gegensatz zu allen anderen untersuchten Emissionen haben die CO_2 -Emissionen seit den 1980er Jahren nicht abgenommen,

---

[16] Andersen, Arne: Mentalitätenwechsel und ökologische Konsequenzen des Konsumismus., in: Siegrist, Hannes u.a. (Hrsg.): Europäische Konsumgeschichte. Frankfurt 1997. bzw. Homepage des Instituts für Elektrische Energietechnik der TU Berlin.

sondern steigen weiterhin an. Über den gesamten betrachteten Zeitraum sind die Feuerungen von Industrie, Gewerbe und Haushalten zu einem großen Teil verantwortlich für die Emissionen von klimarelevantem CO_2. Seit 1950 nimmt jedoch der Beitrag der Quellengruppe Verkehr stetig zu. Während die Emissionen von Industrie, Gewerbe und Haushalten seit etwa 1980 stagnieren bzw. leicht rückläufig sind, steigen die CO_2 -Emissionen des Verkehrs kontinuierlich an. Hauptverantwortlich ist hier der stetig zunehmende Straßenverkehr. 1990 betrug der Anteil des Verkehrs an den gesamten klimarelevanten CO_2 –Emissionen bereits rund 30%. [17]

Pro Kopf Co2-Emissionen in Tonnen

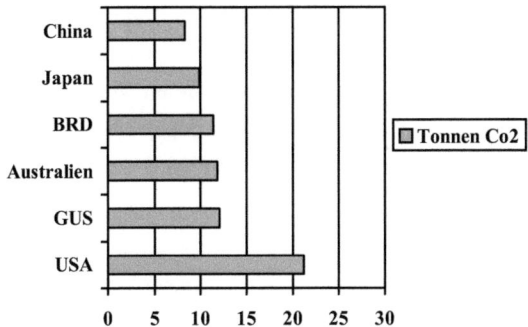

Aus: Homepage des Instituts für Elektrische Energietechnik der TU Berlin. Stand 1992.

4.2.   Abfall

Im Zuge der technischen Entwicklungen und Möglichkeiten der Warenentwicklung und – Verpackung seit 1950 ist der Verbrauch von Verpackungen und der damit anfallende Müll stetig gestiegen. Somit gilt auch der Müll wie der Energieverbrauch als Indikator für die Entwicklung der Konsumgesellschaft und die ökologischen Konsequenzen. Historisch betrachtet ging mit den sinkenden Rohstoffkosten und den

---

[17] Homepage des Bundesumweltamtes. Co2 – Quellen. Stand 2002.

steigenden Arbeitskosten ein Abfallmengenwachstum einher.[18] Während noch in der Industrialisierung Abfälle einen erheblichen Wert darstellten, gilt in der herrschenden Konsumgesellschaft nur noch das Prinzip der möglichst preiswerten Entsorgung.

Verpackungen und Wegwerfprodukte

1954 wurden in der Bundesrepublik etwa 1,8 Millionen Tonnen Verpackungen hergestellt. 1988 waren es bereits etwa 12 Millionen Tonnen.[19] Diese Verpackungen belasten in enormen Maße die Umwelt. Durch die zunehmende Verwendung von Kunststoffen entstanden unberechenbare Altlasten.

Noch in der Nachkriegszeit führten Papier und Pappe als Verpackungsmaterialien, dahinter folgten Metall, Glas und Holz. Diese Stoffe sind entweder wiederverwertbar gewesen oder verrotteten. In den frühen 1970er Jahren betrug der Anteil der Kunststoffe bereits 30 Prozent. Im Einzelhandel beispielsweise wurde die Papiertüte bereits 1970 vom Plastikbeutel überholt.[20] Diese Kunststoffverpackungen können auch heute noch nicht vollständig verwertet werden. Von den 1950er Jahren bis etwa in die 1980er Jahre wurden Kunststoffabfälle deponiert und haben somit einen hohen Umweltverschmutzungsgrad. Noch im Jahr 2001 konnten nur 58,4 Prozent der Kunststoffe verwertet werden.[21]

„Bei der Konjunktur von Wegwerfprodukten handelt es sich in erster Linie um ein Wohlstandsphänomen."[22] Während noch bis in die 1940er Jahre das Sparsamkeitsparadigma galt, galt es seit den 1960er Jahren als nicht mehr angebracht, Dinge aufzuheben. „Heute kauft man, um wegzuwerfen", schrieb Erich Fromm schon 1976 in Haben oder Sein.[23]

Dieser Paradigmenwechsel führte zu einem extremen Abfallvolumen, dass erhebliche Probleme mit sich brachte. Mülldeponien hinterlassen Schadstoffe in den Boden und das Verbrennen des Mülls hinterlässt Schadstoffe in der Luft.

---

[18] König, Wolfgang: Geschichte der Konsumgesellschaft. Stuttgart 2000.

[19] Beutler, Nicole u.a.: Eine Gesellschaft packt aus: Konsum, Verpackung und Abfall., in: Pfister, Christian: Das 1950er Syndrom. Der Weg in die Konsumgesellschaft. Bern 1996.

[20] König, Wolfgang: Geschichte der Konsumgesellschaft. Stuttgart 2000.

[21] Homepage des Umweltbundesamtes. Link: Kunststoffabfälle.

[22] König, Wolfgang: Geschichte der Konsumgesellschaft. Stuttgart 2000.

[23] Fromm, Erich: Haben oder Sein. Die seelischen Grundlagen einer neuen Gesellschaft. Stuttgart 1976.

13

Elektrogeräte

Aus umweltrelevanter Sicht sind die seit den 1950er Jahren zunehmenden Elektrogeräte nicht nur in Bezug auf den Energieverbrauch wichtig. Ein besonderes Problem stellt auch ihre Entsorgung dar. In der Bundesrepublik müssen jedes Jahr allein 400000 Tonnen Elektroschrott entsorgt werden.[24] Elektro-Altgeräte enthalten schon seit den 1950er Jahren sehr oft Bauteile mit Schwermetallverbindungen. Aus Deponien können in den Elektronikgeräten verwendete giftige Chemikalien in den Boden sickern oder in die Atmosphäre freigesetzt werden.

Die Verbrennung von Elektroschrott in Müllverbrennungsanlagen führt zur Freisetzung von Schwermetallen wir Blei, Cadmium und Quecksilber. Je nach Standard der Müllverbrennungsanlage gelangen diese dann in die Luft und in die Asche.

---

[24] Badische Zeitung online. 16. August 2005.

5   Fazit

In den 1950er und 1960er Jahren waren sich die Gesellschaft ihrer Verantwortung der Umwelt gegenüber nicht bewusst. Oder man sich darüber bewusst, erkannte jedoch die Konsequenzen seines Handelns nicht. Wie man es auch betrachtet: Die Konsumgesellschaft hat erhebliche ökologische Konsequenzen hervorgebracht, den es sich zu stellen gilt. Seit den frühen 1970er Jahren, wahrscheinlich durch die Folgen der Ölkrise erkannt, traten die ökonomischen Positionen ein wenig in den Hintergrund und ließen dem Argument ein wenig Raum, dass Konsum die Umwelt beeinträchtigt. Aus diesem neu erwachten Umweltbewusstsein entwickelten sich die Umweltbewegungen. Doch an den Kern der Zusammenhänge ist man bis in die späten 1980er Jahre nicht gekommen.

Mit meiner Arbeit habe ich zu verdeutlichen versucht, einen klaren Zusammenhang zwischen den gesellschaftlichen und ökonomischen Entwicklungen in der Bundesrepublik seit 1950 und Umweltschädigungen anhand von umweltrelevanten Daten aufzuzeigen. Wie anhand der Statistiken deutlich wird, gibt es eine beweisbare Verbindung zwischen Konsum und Umweltzerstörung.

Die Technisierung der Welt hat in den letzten Jahren ihre Schattenseiten zur Kenntnis gebracht Seit den 1980er Jahren wurde dies sogar in den öffentlichen Diskurs aufgenommen, und doch schreitet sie weiter fort. Was mit der Technisierung des Haushalts seinen Anfang nahm, hat heute bei der Technisierung des privaten Lebens (Handy,...) noch lang nicht sein Ende. Und dabei ist es erschreckend genug, zu sehen, was die kurze Zeit von 50 Jahren Konsumgesellschaft in der Umwelt schon bewirkt haben.

6 Literaturverzeichnis

Überblicke

Andersen, Arne: Der Traum vom guten Leben. Frankfurt 1997.
Bruckmann, Gerhart; Swoboda, Helmut: Auswege in die Zukunft. Was kommt nach der Konsumgesellschaft? Wien 1974.
Fromm, Erich: Haben oder Sein. Die seelischen Grundlagen einer neuen Gesellschaft. Stuttgart 1976.
Gädeke - Altmann, Gertrud: Erprobtes Haushalten. Handbuch der Hausfrauenarbeit. Hamburg 1950.
Glatzer, Wolfgang u.a.: Haushaltstechnisierung und gesellschaftliche Arbeitsteilung. Frankfurt 1991.
Haase, Ricarda: „Das bisschen Haushalt..“ Zur Geschichte der Technisierung und Rationalisierung der Hausarbeit. Stuttgart 1992.
Höfer, Max: Zwischen Lustprinzip und Ökoaskese. Aufbruch in eine konservative Neuzeit? Zürich 1987.
Kaelble, Hartmut (Hrsg.): Der Boom 1948 – 1973. Opladen 1992.
König, Wolfgang: Geschichte der Konsumgesellschaft. Stuttgart 2000.
Lindlar, Ludger: Das missverstandene Wirtschaftswunder. Tübingen 1997.
Packard, Vance: Die große Verschwendung. Düsseldorf 1961.
Pfister, Christian: Das 1950er Syndrom. Der Weg in die Konsumgesellschaft. Bern 1996.
Reith, Reinhold; Meyer, Torsten (Hrsg.): Luxus und Konsum – eine historische Annäherung. Münster 2003.
Siegrist, Hannes u.a. (Hrsg.): Europäische Konsumgeschichte. Zur Gesellschafts- und Kulturgeschichte des Konsums. Frankfurt 1997.
Stihler, Ariane: Die Entstehung des modernen Konsums. Berlin 1998.

Zeitschriften/ Schriften und Studienbriefe

Zeitschrift für Historische Sozialwissenschaft. Abelshauser, Werner (Hrsg.): Sonderheft 15. Umweltgeschichte. Göttingen 1994.

Zeitschrift für Geschichtswissenschaft. Band 46. Berlin 1998.

Technik und Gesellschaft. Historische Grundlagen der modernen Technik: Auf dem Weg in die Konsumgesellschaft. Tübingen 1993.

Wissenschaftlicher Beirat der Bundesregierung: Wege zur Lösung globaler Umweltprobleme. Jahresgutachten 1995. Berlin 1996.

Internetseiten

Arbeitsgemeinschaft Energiebilanzen. AGEB 2005: www.ag-energiebilanzen.de
Badische Zeitung online: www.badische-zeitung.de
Bundesumweltamt: www.bundesumweltamt.org
Deutsches Historisches Museum: www.dhm.de
Institut für Elektrische Energietechnik der TU Berlin: emsolar.ee.tu-berlin.de